Marianne Merakli

Laubsägearbeiten

Lichterbögen zur Weihnachtszeit

ENGLISCH
VERLAG

Die Deutsche Bibliothek – CIP-Einheitsaufnahme
Laubsägearbeiten – Lichterbögen zur Weihnachtszeit / Marianne Merakli. – Wiesbaden: Englisch 2001
ISBN 3-8241-1088-1

ISBN 3-8241-1088-1

Fotos: Frank Schuppelius
Herstellung: Michael Feuerer
Printed in Spain

Inhaltsverzeichnis

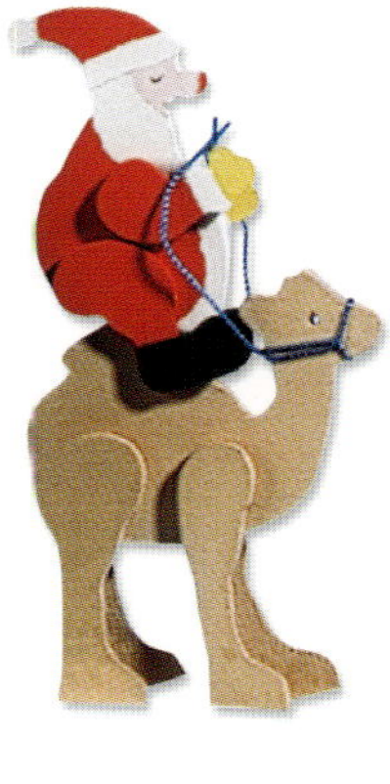

Vorwort

Lichterbögen, traditionell Schwippbögen genannt, erfreuen sich immer größerer Beliebtheit. Dekoriert mit einer Lichterkette und Kunsttanne strahlen sie eine tolle Atmosphäre aus und bilden das perfekte Ambiente für eine besinnliche Advent- und Weihnachtszeit. Die Dekorationsmöglichkeiten sind vielfältig.
Jeder findet bestimmt etwas, das seinem Geschmack entspricht. Auch durch die Abwandlung der Grundform ergeben sich völlig neue Variationen. Sie können fast alle der hier aufgeführten Motive miteinander kombinieren und so Ihren individuellen Bogen zaubern. Mit den hier vermittelten Grundvoraussetzungen können Sie sich an die Arbeit machen, die nachfolgenden Modelle zu kreieren – Sie werden innerhalb kürzester Zeit sägesüchtig sein!

Marianne Merakli

Material und Werkzeug

Material:
Grundsätzlich benötigen Sie weiches Holz. Die auf den folgenden Seiten aufgeführten Lichterbögen bestehen aus Fichten- und Rahmenholz. Die Figuren sind aus gemasertem Kiefern- und Pappelsperrholz.

Für die Dekoration benötigen Sie:
- Kunsttanne
- Lichterkette
- Isolierband
- Blumendraht
- Stahlnägel, 1,2 mm x 26 mm
- Holzschraube, 5 mm x 50 mm
- Figurendraht

Werkzeuge:
- Laubsägebogen
- Laubsägeblätter fein
- Sägetisch mit Schraubklemmen
- Schleifpapier, 150 Körnung, und Schmirgelschwamm
- Bleistift, Radiergummi und Anspitzer
- Lineal
- Zollstock
- Schere
- Winkel
- Gärungssäge
- Bohrmaschine
- Holzbohrer, 2 mm und 4 mm
- Holzleim und Heißklebepistole
- Holzspachtelmasse
- Holzpfeile
- Stecheisen
- Hammer
- Schraubenzieher

Grundanleitung

Holz ist ein wunderbares Material und vielseitig einsetzbar. Es bedarf keiner umfassenden Vorbildung, Hölzer zu bearbeiten und gelungene Ergebnisse zu erzielen. Sollte doch einmal etwas nicht sofort gelingen, kann man in der Regel mit Holzspachtelmasse, Schleifpapier und etwas Geduld wahre Wunder vollbringen.
Für die meisten Arbeiten genügt eine einfache Laubsägeausstattung. Wenn Sie aber erst einmal Freude an diesem Hobby gefunden haben, lohnt sich die Anschaffung einer Dekopiersäge. Holzzuschnitte oder günstige Reststücke bekommen Sie in Bau- und Hobbymärkten.

Übertragen des Motivs
Mit einem Transparentpapier, das nach dem Durchpausen des Motivs auf einen dünnen Karton geklebt wird, fertigen Sie eine Schablone an. Oder Sie pausen das Motiv, wenn Sie es nicht öfter benutzen wollen, einfach mittels Graphitpapier direkt auf das Sperrholz durch.

Sägen mit der Laubsäge

Das Laubsägetischchen mit einer Schraubzwinge am Arbeitsplatz befestigen und mit der Laubsäge die Konturen des Motivs nachsägen. Dabei halten Sie Ihren Arm seitlich vom Körper. Das Sägeblatt wird mit leichtem Druck gegen das Holz geführt. Wollen Sie Kurven sägen, drehen Sie nicht die Säge, sondern das Holz in die entsprechende Richtung. Wenn Innenausschnitte gemacht werden müssen, bohren Sie zuerst ein kleines Loch in das betreffende Teilstück. Nach dem Lösen des Sägeblattes aus der oberen Flügelschraube, führen Sie es von unten durch das vorgebohrte Loch und befestigen es wieder. Nun können Sie das Mittelstück problemlos heraussägen. Danach das Sägeblatt aus dem Mittelstück entfernen und neu einspannen.

Schmirgeln

Schmirgeln Sie das Werkstück im Faserverlauf. Die Kanten schleifen Sie grundsätzlich nach außen, um Spanbildung zu verhindern. Den entstandenen Staub mit einem Tuch entfernen.

Bemalen

Zum Bemalen der Holzmotive eignen sich alle Arten von Bastelfarben. So zum Beispiel Stoff-, Glas- oder Seidenmalfarben (hier kommt die Holzmaserung besonders gut zur Geltung!) sowie Buntstifte oder ein einfacher Tuschkasten. Die Bögen wirken aber auch naturbelassen sehr gut.

Da die Lichterbögen nur im Innenbereich aufgestellt werden, ist eine Farbversiegelung unnötig.

Anleitung zum Bau der Grundbögen

Nachdem Sie sich für ein Modell entschieden haben, sägen Sie alle Teile in der Länge wie auf der nachfolgenden Zeichnung angegeben aus. In den Mittelstab werden die Kerben in der Stärke der Querstreben eingesägt, und die Querstreben werden mittig in Breite des Mittelstabs eingesägt.

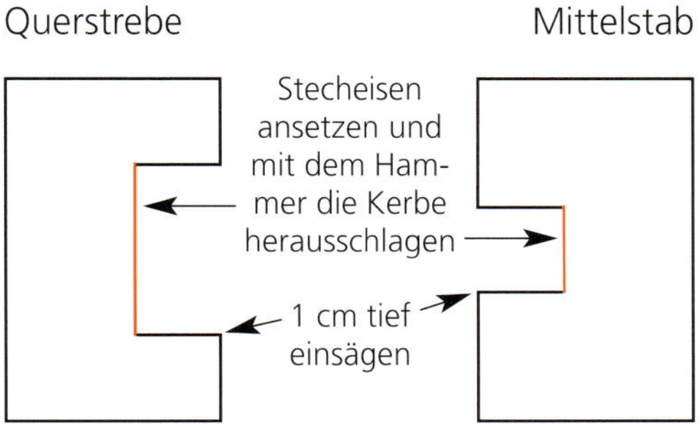

Wenn die Querstreben in den Mittelstab gelegt werden, soll es eine Linie ergeben. Überstände arbeiten Sie mit einer Holzfeile nach.

Nun werden an beiden Seiten der Querstreben, wenn angezeigt, mit dem Geodreieck die entsprechenden Winkel angezeichnet und anschließend abgesägt. Am unteren Ende des Mittelstabs sowie mittig am Holzfuß bohren Sie ein Loch mit einem 4-mm-Bohrer. Schmirgeln Sie nun alle bearbeiteten Holzteile. Danach verleimen Sie die Querstreben mit dem Mittelstab. Beginnen Sie mit der unteren Querstrebe. Benutzen Sie beim Leimen einen rechten Winkel, um die Querstrebe waagerecht zu befestigen. So werden alle Querstreben befestigt. Nachdem alle Holzteile fest verleimt und getrocknet sind, können Sie mit den Seitenstreben beginnen.

1. Lichterbögen Modell A, C und E

(rechter Teil)

Legen Sie das Grundmodell auf eine ebene, glatte Oberfläche. Legen Sie die Seitenstreben an das Grundmodell, und bohren Sie mit einem 2-mm-Bohrer durch die Seitenleiste die Querleiste kurz an. Auf die Enden der Seitenstreben wird Holzleim aufgetragen. Durch die Bohrlöcher wird der Stahlnagel (1,2 mm x 26 mm) vorsichtig eingeschlagen. Warten Sie, bis der Leim durchgetrocknet ist.

Anschließend wird mit Hilfe der Schraube (5 x 50 mm) der Mittelstab an dem Holzfuß befestigt. Nun kann der Bogen dekoriert werden.

Modell C

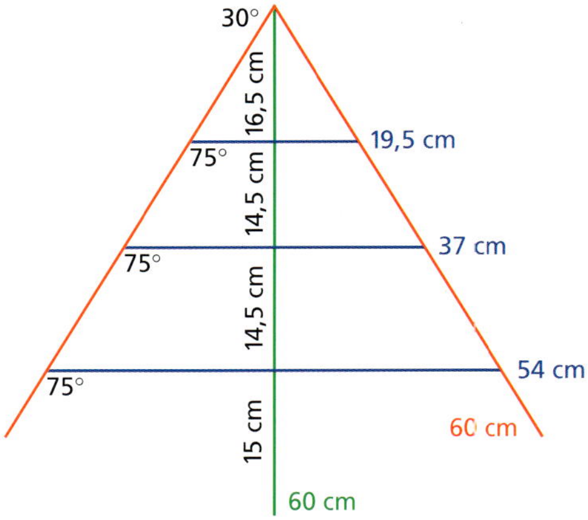

Modell A

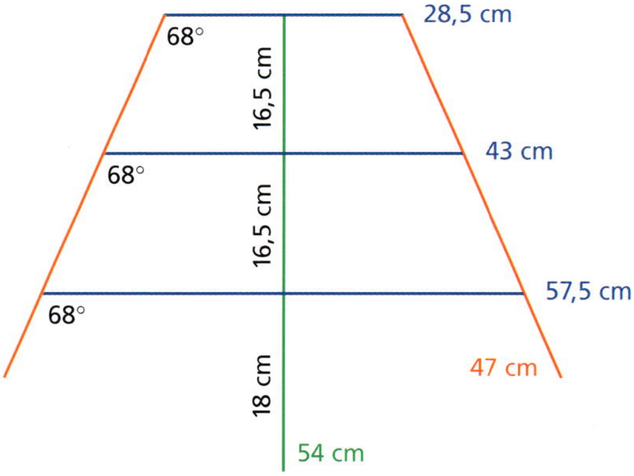

Modell E

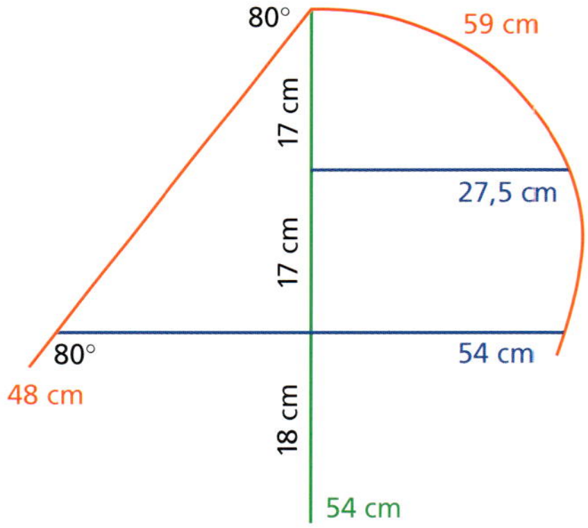

2. Lichterbögen Modell B, D und E

(linker Teil)

Die an das Grundmodell zu befestigende Leiste muss vor der Verarbeitung zwei Tage in Wasser eingeweicht werden, um so eine entsprechende Elastizität zu erreichen. Nach dem Wässern die Leiste abtrocknen und mittels eines 2-mm-Bohrers ein Loch in der Leistenmitte bohren. Danach wird die Leiste am oberen Ende des Mittelstabes angenagelt. Ziehen Sie die beiden Enden der Leiste langsam und gleichmäßig zur unteren Querstrebe. Dort befestigen Sie die Leiste mit einer Klammer oder Schraubzwinge und lassen die Leiste trocknen. Erst dann bohren Sie mit einem 2-mm-Bohrer durch die Seitenleiste die Querleiste kurz an. Auf die Enden der Seitenstreben wird Holzleim aufgetragen. Durch die Bohrlöcher wird der Stahlnagel (1,2 mm x 26 mm) vorsichtig eingeschlagen. Warten Sie, bis der Leim durchgetrocknet ist.

Anschließend wird mit Hilfe der Schraube (5 x 50 mm) der Mittelstab an dem Holzfuß befestigt. Soll Ihr Schwippbogen mit Tannen geschmückt werden, können Sie prima Figurendraht anstelle der Tapetenleiste verwenden. Befestigen Sie den Figurendraht genauso wie die Tapetenleiste. Vor dem Anbringen der Tanne können Sie eine Lichterkette um die Leiste oder den Draht winden und mit Isolierband befestigen. Jetzt werden die Kunsttannenzweige mit Blumendraht um den Bogen gebunden.

Falls Sie noch nie einen Kranz gebunden haben, wird eine Floristin im Blumengeschäft es Ihnen gerne einmal zeigen. Jetzt können Sie Ihren Schwippbogen beliebig mit den Motiven Ihrer Wahl dekorieren.

Modell B

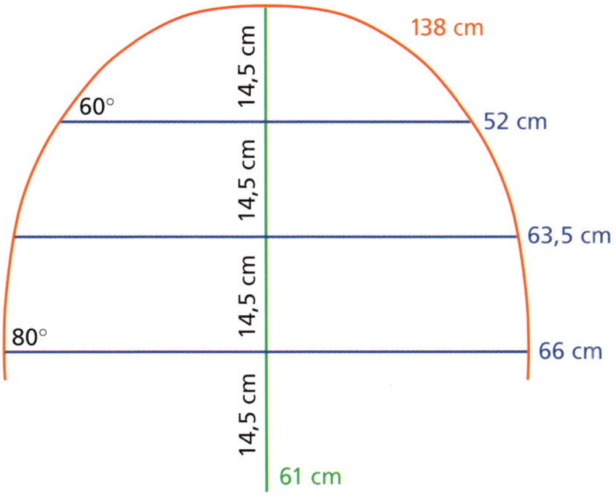

Modell D

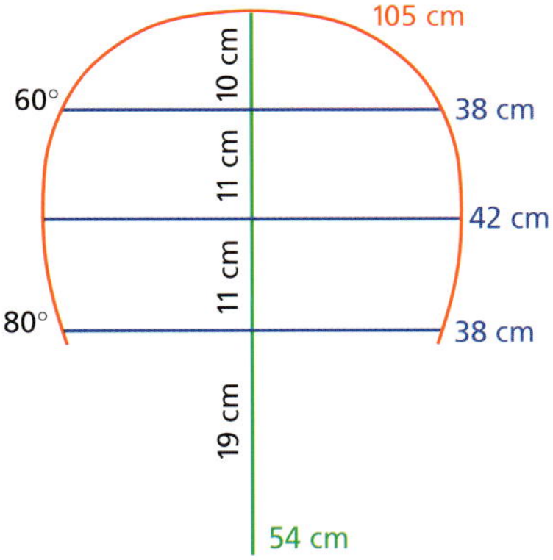

Modell E

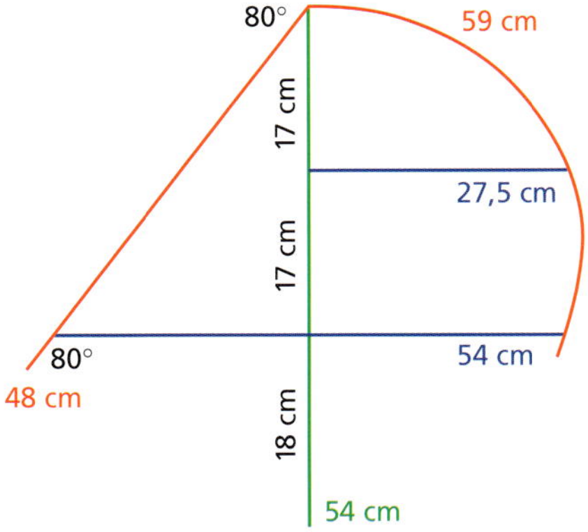

1. Das Krippenspiel

Dieser Lichterbogen ist etwas ganz Besonderes zur Adventszeit. In der Form eines Weihnachtsbaumes wird das Krippenspiel dargestellt.

Material

- Bogen Modell C
- Sperrholzplatte, 20 x 50 cm
- 1 langes Streichholz
- circa 80 einzelne Tannenstücke à 8–10 cm (aus Tannengirlande)
- 20er Lichterkette
- 12 goldene Kugeln, 3 cm ∅
- 1 Rolle goldenes Schleifenband (4,5 m) mit Zugfaden
- Sehne

Anleitung

Wickeln Sie die Lichterkette und die Tannenstücke um die Seitenstreben des Bogens. Nachdem Sie die Motive auf das Holz übertragen und ausgesägt haben, schmirgeln Sie jedes einzelne Stück sorgfältig. Die Augen der Schafe werden mit einem 2-mm-Bohrer, die der Sterne mit einem 1,5-mm-Bohrer gebohrt. Durch die Löcher der Sterne führen Sie die Sehne und verknoten diese. Anschließend werden sie auf die Querstrebe geklebt. Bevor Sie die große Palme an dem Bogen befestigen, kleben Sie die kleine Palme wie abgebildet an die große. Befestigen Sie jetzt das lange Streichholz (ohne Zündkopf!) schräg an dem Hirten.

Nun können Sie alle Holzstücke auf die Querstreben verteilt aufkleben bzw. leimen. Achten Sie darauf, dass die Krippe mit einer Seite an dem Mittelstab befestigt wird.

Wenn der Kleber durchgehärtet ist, können Sie den Lichterbogen mittels der Kugeln und dem Schleifenpapier in einen Weihnachtsbaum verwandeln. Von dem Schleifenpapier werden zunächst zweimal 1 Meter abgeschnitten. Aus diesen Stücken werden die Schleifen des Mittelstammes gebildet. Das übrige Schleifenband sollte in 14 gleich große Stücke geschnitten werden. Diese werden ebenfalls zu kleinen Schleifen gefaltet und am Tannengrün befestigt.

2. Runder Bogen – Natur pur

Dieser Bogen spricht allein für sich selbst.

Material

- Bogen Modell B
- Sperrholzplatte, 30 x 70 cm
- 1 Meter Schleifenband.

Anleitung

Übertragen Sie die Motive auf die Sperrholzplatte, und sägen Sie diese, sowie die Innenausschnitte, aus. Teilen Sie die Tür des Schäferhauses, und schmirgeln Sie alle Teile sorgfältig. Den Spazierstock leimen Sie an den Schäfer, die Türhälften schräg an den Türeingang. Die Eule wird mittels cer Klebepistole an das Dach geklebt. Der Teddy erhält beidseitig eine kleine Schleife.
Nach der Vorbereitung der Holzteile werden diese mit Hilfe der Heißklebepistole auf den Querstangen des Bogens befestigt. Halten Sie dabei alle Teile so lange fest, bis der Kleber kalt geworden ist.

3. Weihnachtliche Impressionen

Material
- Bogen Modell D
- Sperrholzplatte, 30 x 45 cm
- 1 Päckchen Feenhaar
- 10er Lichterkette
- Kunsttanne
- 1 m Schleifenband

Anleitung

Befestigen Sie die Kunsttanne an der Seitenstrebe. Übertragen Sie die Motive auf die Sperrholzplatte, und sägen Sie diese sowie die Innenausschnitte aus. Schmirgeln Sie alle Teile sorgfältig.

Bohren Sie die Augen für Hund, Schäfer, Teddy, Mond, Eule und Schaukelpferd mit einem 2-mm-Bohrer. Katzen, Eichhörnchen, Sterne und Hasen werden mit einem 1,5-mm-Bohrer gebohrt. Zeichnen Sie die Konturen des Teddys (beidseitig), der Eisenbahn, des Schlittens, des Schäfers, die Augen der Eule sowie des Rentiers, der Fensterläden und der Tür nach.

Befestigen Sie am Teddy mit der Heißklebepistole beidseitig eine kleine Schleife am Hals. Der Schäfer bekommt einen kleinen Stock, z. B. ein Ästchen aus Ihrem Garten. Befestigen Sie die Fensterläden und die Haustür an den vorgegebenen Stellen.

Ziehen Sie nun noch einen Nylonfaden durch die Sterne, um diese an der oberen Querstrebe aufhängen zu können.

4. Schäfer

Das Fenster ist ein guter Weideplatz für diese Schafherde.

Material

- Bogen Modell D
- Kiefersperrholzplatte, 30 x 40 cm
- 2 lange Streichhölzer
- 18 rote Holzäpfel
- Grasfaser (Elfenbein)
- Messingdraht, 0,4 mm Stärke
- 2 m Schleifenband aus Jute
- 1 Girlande aus Zweigen
- Seifenmalfarbe dunkelgrün
- Acrylfarbe Schwarz und Rotbraun

Anleitung

Übertragen Sie alle Motive auf die Holzplatte, und sägen Sie diese aus. Vergessen Sie dabei die Innenausschnitte nicht. Danach schmirgeln Sie alle ausgesägten Teile sorgfältig. Vor dem Aufleimen werden die Holzteile bemalt. Der Schwippbogen selbst wird mit grüner Seifenmalfarbe gestrichen, die die Holzmaserung gut zur Geltung kommen lässt. Die Stämme der Bäume bekommen braune Acrylfarbe, die Baukronen und das Gras grüne Seidenmalfarbe. Tragen Sie die Seidenmalfarbe erst auf das Holz auf, wenn die braune Farbe vollständig getrocknet ist.
Der Schäfer erhält einen rotbraunen Mantel, einen schwarzen Hut und schwarze Schuhe, alles in Acryl. Nach dem Trocknen der Farben werden die Konturen am Schäfer angezeichnet. Das Wagenrad erhält einen schwarzen Achsenpunkt in der Mitte. Verdünnen Sie mit Hilfe von Wasser die rotbraune Acrylfarbe, und bemalen Sie damit den Hund.
Leimen Sie nun das Rad an den Wagen. Das erste Streichholz wird die Wagendeichsel, das zweite der Schäferstock. Jetzt können Sie die restlichen Holzteile entsprechend der Abbildung auf den Querleisten befestigen.

5. Tiere im Wald

Kein harter Winter im Wald für diese Tiere.

Material

- Bogen Modell D
- Kiefersperrholzplatte, 40 x 30 cm, 0,4 cm dick
- 10er Lichterkette
- circa 60 einzelne Tannenzweige, 8–10 cm lang (aus Girlande)
- 2 m Kettengirlande
- 1 m Schleifenband
- Acrylfarbe in Grün, Braun und Rot

Anleitung

Die 10er Lichterkette und die Tannengirlande werden auf den Seitenstreben des Bogens befestigt und mit der Kettengirlande umwickelt. Alle Motive von den Vorlagen auf das entsprechende Holz übertragen, aussägen und die Innenausschnitte sägen. Die Räder sägen Sie jeweils zweimal aus. Bohren Sie dann mit einem 1,5-mm-Bohrer die Augen der Hasen aus, die der übrigen Tiere mit einem 2-mm-Bohrer. Schmirgeln Sie alle Holzteile sorgfältig, bevor Sie mit dem Bemalen beginnen. Die Tannenbäume, das Dach der Lokomotive und des Personenwagens werden grün gefärbt. Die Räder, die Schornsteinspitze, die Tiere und der Teddy erhalten einen braunen Anstrich. Um hierbei eine gewisse Abwechslung zu erhalten, fügen Sie einem Teil der braunen Farbe etwas Wasser hinzu und bemalen einige Tiere damit. Der Fuchs wird rotbraun gefärbt. Mischen Sie dafür einen Teil der roten Farbe mit einem Teil der braunen. Vor dem Anstrich sollten Sie die Mischung auf einem Reststück testen.

Die restlichen Holzteile und -flächen belassen sie natürlich. Nachdem die Farben getrocknet sind, trennen Sie die Räder an der Schnittstelle (gestrichelte Linie) ab.

Jetzt werden der Teddy und die Räder an den entsprechenden Markierungen angeleimt. Ist der Leim durchgetrocknet, befestigen Sie alle Holzteile laut Abbildung in dem Lichterbogen.

Zum Schluss binden Sie das Schleifenband um den Mittelstamm und suchen einen schönen Fensterplatz aus.

6. Elche

Weihnachtsstimmung auf Skandinavisch im heimischen Fenster

Material

- Kiefernsperrholz, 90 x 40 cm, 0,4 cm dick, für den Rundbogen
- Pappelsperrholz, 25 x 20 cm, 0,5 cm dick, für die Elche
- Rundholz, 40 cm, 0,5 cm ∅, für die Befestigung der Teelichter
- Mittelstab, 18 x 2 x 2 cm
- Holzfuß, 18 x 9,5 x 21 cm
- Querstreben, 56 x 4 x 2 cm, 47,5 x 4 x 2 cm, 9 x 4 x 2 cm
- Kupferfolie, 15 x 7 cm
- Bienenwachscreme
- Islandmoos
- Teelichter
- Acryl- oder Seidenmalfarbe in Braun
- 2 Holzschrauben, 5 x 50 mm

Anleitung

Übertragen Sie alle Vorlagen auf die entsprechenden Holzstärken. Achten Sie darauf, dass Sie die beiden Seiten genau gegengleich haben. Nachdem Sie die Innenausschnitte gesägt haben, bohren Sie die Augen der Elche mit einem 2-mm-Bohrer. Nach dem Aussägen schmirgeln Sie alle Holzteile sorgfältig. Die Elche bemalen Sie mit der braunen Farbe. Die Geweihe der Elche aus der Kupferfolie ausschneiden, in die gewünschte Form biegen und aufleimen. Um dem Kiefernholz einen seidigen Glanz zu geben, reiben Sie es mit dem Bienenwachs ein.

Legen Sie die zwei Seiten des Rundbogens auf die Arbeitsfläche, sodass die oberen Ränder zusammenstoßen. In die unterste Querleiste sowie am oberen und unteren Ende des Mittelstabes bohren Sie ein Loch mit einem 4-mm-Bohrer. Legen Sie nun die untere Querstrebe bündig an den Holzbaum, und leimen Sie ihn fest. Die zweite und dritte Querstrebe genau nach Maßangabe aufleimen.

Nachdem der Leim gut durchgetrocknet ist, leimen Sie je zwei Rundholzstücke rechts und links auf die untere und mittlere Querstrebe auf. Auf der oberen Strebe leimen Sie je zwei Rundstücke mittig im Abstand eines Teelichtes auf. Danach drehen Sie den Bogen um und leimen die anderen beiden Holzbäume gegengleich auf den Bogen und lassen den Leim durchhärten. Den Holzfuß und den Bogen befestigen Sie jeweils mit einer Holzschraube (5 x 50 mm) am Mittelstab. Nun kleben Sie auf jede Naht einen Stern. Sägen Sie die Zierleiste in 4 x 18 cm langen Stücken, schmirgeln Sie die Ränder sorgfältig, und leimen Sie diese auf den unteren Teil des Mittelstabes (siehe Abbildung).

Zum Schluss werden die Elche und das Islandmoos in den Schwippbogen geleimt. Die Teelichter können Sie mit der restlichen Kupferfolie umwickeln.

7. Weihnachtsmann macht Urlaub

Nur keine Hektik!

Material

- Bogen Modell E
- Pappelsperrholz, 20 x 10 cm, 1 cm dick, für den Mittelstamm der großen Palme 30 x 20 cm, 0,6 cm dick, für die Körper 20 x 20 cm, 0,4 cm dick, für die restlichen Holzteile
- Holzleim
- 2 bunte Wollfäden
- Acrylfarbe Rot, Weiß, Schwarz, Braun, Grün, Gelb
- 2 m goldenes Biegeplüsch
- 90 cm Tannengirlande

Anleitung

Zum Dekorieren winden Sie die Tannengirlande mit dem Biegeplüsch locker um den Halbbogen und befestigen ihn mit der Heißklebepistole. Übertragen Sie die Vorlage vom Vorlagebogen auf die entsprechenden Holzdicken, sägen Sie sie aus, und machen Sie den Innenausschnitt. Alle gefertigten Holzteile sorgfältig schmirgeln. Nun bemalen Sie alle Holzteile mit den entsprechenden Acrylfarben. Um den hellen Braunton für die Palmen und das Kamel zu erhalten, verdünnen Sie die braune Farbe mit viel Wasser. Vor dem eigentlichen Anstrich sollten Sie den gemischten Farbton auf einem Reststück ausprobieren. Das Grau für den Esel mischen Sie aus den Farbtönen Schwarz

und Weiß. Nachdem alle Teile bemalt und getrocknet sind, leimen Sie diese wie nachfolgend beschrieben zusammen:
Leimen Sie den 1 cm dicken Palmenstamm an den Ansatz der Palmkrone, und lassen Sie den Leim trocknen. Danach kleben Sie diese Palme in das Dreieck des Schwippbogens. Achten Sie darauf, dass eine Blattspitze an die Seitenstrebe geklebt wird. Die zweite Palme wird an der anderen Seite des Bogens angeleimt. Befestigen Sie nun die Arme und Beine an dem Weihnachtsmann A, und platzieren Sie ihn auf der Palme (s. Abbildung). Leimen Sie nun den Elch D zunächst auf die Palme, und kleben Sie die Beine an. Nach dem Trocknen befestigen Sie die Palme samt Elch auf der unteren Querstrebe sowie an dem Mittelstab. Kleben Sie den Elch D zwischen die beiden Schlittenteile. Nachdem der Leim getrocknet ist, befestigen Sie die beiden Vorderfüße. Leimen Sie nun bei den übrigen Weihnachtsmännern, dem Kamel und dem Esel die Arme und Beine an und lassen diese trocknen. Fertigen Sie aus den Wollfäden jeweils Zügel für den Esel und das Kamel. Leimen Sie Esel und Kamel auf die untere Querstrebe, und lassen Sie den Leim durchtrocknen. Danach kleben Sie die Weihnachtsmänner auf die Tiere. Die übrigen Motive platzieren Sie gemäß der Abbildung auf den Querstreben.

8. Schneemänner beim Wintersport

Dieses Trapez werden Ihnen vermutlich Ihre Kinder abschwatzen.

Material

- Bogen Modell A
- Pappelsperrholz, 30 x 30 cm, 1 cm dick, 20 x 25 cm, 0,6 cm dick, 35 x 60 cm, 0,4 cm dick
- Rundholz, 1 cm Länge, 0,5 cm ∅
- Nylongarn durchsichtig
- 2 Schaschlikspieße
- 1 Nähnadel
- 4 kleine Holzscheiben, 1 cm ∅
- Strickschlauch für 2 Mützen und Schals
- 1 kleiner Zylinder
- 1 kleines Glöckchen
- 1 Stück farbiges Band
- 1 Beutel Pompons (7 mm ∅), etwa 70 Stück
- Acrylfarbe in Weiß, Orange, Schwarz, Rot, Gelb, Grün und Braun
- Holzleim
- 1,5 m Schleifenband

Anleitung

Das Trapez nach Anleitung bauen. Übertragen Sie die Vorlagen auf das entsprechende Holz. Die 4 Körper der kleinen Schneemänner aus 1 cm dickem Pappelsperrholz fertigen. Alle Arme und Beine werden aus dem 0,4 cm dicken Holz ausgeschnitten. Den Schnee sägen Sie aus der 1 cm und 0,4 cm dicken Sperrholzplatte. Nach dem Übertragen der Motive auf das Holz, sägen Sie diese aus und schmirgeln alle Teile sorgfältig. Vergessen Sie die Innenausschnitte der Schlitten nicht. Nun können Sie die Holzteile bemalen. Die Schlitten und Schier werden beidseitig farbig gestaltet. Die übrigen Holzteile werden beidseitig weiß. Nach dem Trocknen der Farben bekommen die Schneemänner Augen und Mund sowie eine orangefarbene Nase. Die Nase des Schneemanns A wird aus Rundholz gefertigt und nach dem Trocknen der Farben aufgeleimt. Nun werden die Arme und Beine angeklebt. Binden Sie die Schals um, und leimen Sie die Mützen fest. Jetzt werden die Schneemänner auf die Schlitten gesetzt und festgeleimt. Fertigen Sie aus den Schaschlikspießen 4 Schistöcke á 7 cm Länge an, und schieben Sie jeweils eine Holzscheibe 1 cm über den Schistock. Die Schier und die Stöcke werden an den entsprechenden Schneemännern befestigt. Leimen Sie nun die für die Querstreben ausgesägten Schneestücke auf dem Schwippbogen fest. Lassen Sie den Leim durchhärten. Jetzt werden alle Schneemänner gemäß der Abbildung auf den Schnee geleimt.

Für die Schneeflocken ziehen Sie die Pompoms auf die Nylonschnur und arrangieren diese um das Trapez. Fertigen Sie aus dem Schleifenband 2 Schleifen, und kleben Sie diese mit der Heißklebepistole fest.

9. Tannenbaum

Material
- Bogen Modell C
- 2 Pappelsperrholzplatten, je 60 x 42 cm, 0,4 cm dick, für die Holzranken
- Kiefersperrholz, 30 x 30 cm, 0,4 cm dick
- Seidenmalfarbe in Grün
- 20er Lichterkette
- Nylonschnur
- Schleifenband
- 1 Schaschlikspieß
- Draht

Anleitung
Den Bogen nach Anleitung bauen. Bohren Sie mit einem 2,5-mm-Bohrer am unteren Teil der Seitenstreben in einem Abstand von 1 cm 2 Löcher übereinander. Sie dienen der Befestigung der Lichterkette. Übertragen Sie alle Motive auf die entsprechenden Holzplatten, und sägen Sie diese aus. Vergessen Sie die Innenausschnitte nicht, und schmirgeln Sie alles sorgfältig. Aus dem Pappelsperrholz werden 4 Holzranken ausgesägt. Davon jeweils zwei gegengleich.

Bemalen Sie mit der grünen Seidenmalfarbe den Bogen sowie die Holzranken. Nach dem Trocknen der Farbe leimen Sie die Holzranken auf die Seitenstreben des Bogens. Dabei ist es wichtig, dass die Holzranken gegengleich angebracht werden. Nachdem der Leim getrocknet ist, falten Sie die Lichterkette mittig und legen diese zwischen die Holzranken auf den Bogen. Führen Sie danach etwas Draht durch die Bohrungen der Seitenstreben, und befestigen Sie die Lichterkette.

Jetzt werden die Monde an beiden Seiten an die Stoßkanten der Ranke geleimt. Der Schäfer erhält einen aus dem Schaschlikspieß gefertigten Stock, und der Sack bekommt eine kleine Schleife. Durch die Bohrung des Schlittens ziehen Sie ein Stück Band. Ziehen Sie durch die in den Flügeln der Vögel gebohrten Löcher ein Stück Nylonschnur und binden diese laut Abbildung in den Lichterbogen. Alle übrigen Holzteile werden nun auf die Querstreben des Lichterbogens geleimt.

10. Engelsmusik

Da hört man die Englein im Himmel singen ...

Material

- Bogen Modell C
- Kiefernsperrholzplatte, 30 x 60 cm
- 1 Buchsbaumgirlande mit goldenen Beeren
- Watte
- 1 Rolle Golddraht, 0,2 mm Durchmesser
- Acrylfarbe Gelb und Rot
- Seidenmalfarbe Blau
- Kleine Glittersterne

Anleitung

Alle Motive von der Vorlage auf das entsprechende Holz übertragen, aussägen und die Innenausschnitte machen. Die Engel werden zunächst im Ganzen ausgesägt. Erst danach werden die Arme an den gestrichelten Linien abgesägt. Dadurch kann man alle kleinen Teile sehr einfach fertigen. Schmirgeln Sie alle Holzteile sorgfältig.

Danach beginnen Sie mit dem Verleimen. Hierzu werden zunächst bei den Engeln A bis F die Flügel mit den Spitzen nach unten in die dafür vorgesehenen Ausbuchtungen eingeleimt. Hierfür brauchen Sie etwas Geduld, da Holzleim erst nach etwa 2 Minuten soweit bindet, dass Sie die Engel vorsichtig zwischen zwei vollen Wassergläsern zum Trocknen aufstellen können. Während des Trocknens sollten Sie darauf achten, dass die Flügel gerade sind. Nachdem die Flügel durchgetrocknet sind, befestigen Sie die Arme und gegebenenfalls die Musikinstrumente (laut Abbildung) an dem Körper der Engel. Die Sterne, der Mond und der Engel D werden mit ein wenig Golddraht umwickelt. Kleben Sie nun den Engel B in die Ausbuchtung des Mondes. Jetzt wird der Engel G an der gestrichelten Mittellinie durchgesägt und geschmirgelt. Leimen Sie jetzt das Schaukelbrett (1,5 x 3 cm) mit der Schnittkante an den Oberkörper, die Schuhe an den Unterkörper von Engel G. Die Flügel werden an der Leimkante leicht schräg geschmirgelt und in V-Form an dem Engel befestigt. Nachdem der Leim komplett durchgetrocknet ist, wird der Unterkörper an die zweite Schnittkante des Schaukelbrettes nach unten angeklebt. In die Arme und den Oberkörper bohren Sie mit einem 1,5-mm-Bohrer an den gekennzeichneten Stellen Löcher. Danach werden die Arme mit Golddraht am Oberkörper befestigt. Leimen Sie nun das Buch (1,5 x 2,5 cm) in V-Form, bemalen Sie es mit der roten Acrylfarbe, und umwickeln Sie es mit dem Golddraht.

Bemalen Sie den Bogen jetzt mit der blauen Seidenmalfarbe. Nach dem Trocknen verteilen Sie die kleinen Sterne auf dem Bogen, und kleben Sie sie fest. Jetzt wird ein Streifen Watte um die Seitenstreben gewunden. Trennen Sie 40 cm von der Girlande ab, danach wird der Rest in entgegengesetzter Richtung um die Seitenstreben gewunden.

Der abgetrennte Girlandenteil wird für die Schaukel verwendet. Binden Sie die Girlande an der Querstrebe fest. Leimen Sie den Engel G auf die Schaukel, und befestigen Sie die Hände mit Golddraht an der Schaukelgirlande. Am Schluss wird das Buch auf dem Schaukelbrett befestigt.

Leimen Sie die übrigen Holzteile der Abbildung entsprechend auf den Querstreben des Schwippbogens fest, und lassen Sie alles gut durchtrocknen.

11. Winterlandschaft

Die ganz breite Motiv-Vielfalt in einem großen Lichterbogen.

Material

- Bogen Modell B
- Kiefersperrholz, 60 x 30 cm, 0,4 cm dick
- 200 Kunsttannenstücke á 12 cm Länge
- 35er Lichterkette
- Basteldraht
- Filz
- Nylonschnur
- Schleifenband
- Band
- Kupferfolie
- 2 dicke Streichhölzer (Kaminhölzer)
- Zierleiste
- Isolierband
- 1 Aststück, 5 x 2,5 cm
- 1 kleines Zweiglein als Schäferstab
- 2 zusätzliche Querstreben 2 x 0,5 cm

Anleitung

Bauen Sie den Bogen nach Anleitung: Fertigen Sie zunächst die 2 zusätzlichen Querstreben an. Diese werden jeweils unter den im Bogen befindlichen Querstreben befestigt, um deren Tiefe zu vergrößern. Die Zierleiste sägen Sie in 4 x 14,5 cm lange Stücke und leimen sie um den unteren Teil des Mittelstabes. Nun wickeln Sie die Lichterkette um die Tapetenleiste und befestigen diese mit dem Isolierband. Danach verteilen Sie die Kunsttannenstücke um die Leiste und die Lichterkette.

Übertragen Sie die Vorlagen auf das entsprechende Holz, sägen diese aus und schmirgeln alle Teile sorgfältig. Vergessen Sie die Innenausschnitte und Bohrungen an den markierten Stellen nicht. Teilen Sie die beiden Streichhölzer in 6 x 2 cm lange Stücke. Befestigen Sie diese als Sitzfläche zwischen den beiden Schlittenausschnitten. Durch die Bohrungen der Schlittenausschnitte ziehen Sie jeweils ein Stück Band als Zugleine. Nach dem Trocknen der Sitzfläche leimen Sie den Weihnachtsmann auf diese auf. Fertigen Sie aus dem Filz ein kleines Säckchen an und kleben dieses hinter den Weihnachtsmann auf den Schlitten.

Das Geweih schneiden Sie zweifach aus der Kupferfolie aus und befestigen es auf den Elchen. Biegen Sie die Geweihe nun in die entsprechende Form. Mit etwas Nylonschnur befestigen Sie die Sterne an den Querstreben. Die Türen des Hauses und des Stalls leimen Sie an die entsprechenden Gebäudeteile, sodass diese halb geöffnet wirken. Das Aststück wird zunächst auf die Querstrebe geklebt. Nach dem Trocknen leimen Sie den Schäfer auf den Ast und befestigen den Schäferstock.

Die Teddys werden wie folgt angebracht: Legen Sie das Eisenbahnteil auf Ihre Arbeitsfläche, und leimen Sie den Teddykörper sowie einen Arm und ein Bein auf. Nach dem Trocknen des Leimes drehen Sie die Teile um und befestigen den zweiten Arm und das zweite Bein. Dadurch sitzt der Teddy schön gerade. Verzieren Sie den Teddy mit einer Schleife. Nun wird ein Stück Band durch das gebohrte Loch der Lok gezogen, und der Zug kann in den Bogen geleimt werden. Zum Schluss leimen Sie alle übrigen Teile in den Bogen.

12. Schwippbogen-Haus für Eilige

Die Vorlage lässt sich mit Kindern leicht nacharbeiten

Material

- Mittelstab, 32,5 cm
- Querstreben, 65 cm
- Balsaholz, 60 cm
- Sperrholz, 33 x 60 cm, 0,4 cm dick
- Seidenmalfarbe in Braun, Rot und Grün
- Holzfiguren
- Watte

Anleitung

Bohren und sägen Sie die Innenausschnitte. Die Fensterläden von den Fenstern abtrennen und alle Teile schmirgeln.
Nun können Sie mit dem Bemalen der Holzteile beginnen. Das Haus und der Schwippbogen werden braun gefärbt. Um eine Abgrenzung zum Dach zu erhalten, empfiehlt es sich, ein wenig braune Farbe mit roter zu vermischen. Die Fensterläden werden grün angestrichen. Nachdem die Farben getrocknet sind, leimen Sie die erste Haushälfte auf den Schwippbogen. Beschweren Sie diese solange, bis der Leim getrocknet ist. Jetzt wird das Balsaholz um die Querstreben geleimt (s. Zeichnung).
Drehen Sie danach den Schwippbogen um, und leimen Sie die zweite Haushälfte gegengleich auf.
Zum Schluss werden die Fensterläden angebracht, und der Bogen kann mit Holzfiguren Ihrer Wahl und etwas Tannengrün dekoriert werden. Man kann jedes Jahr andere Figuren hineinstellen.

ISBN 3-8241-1040-7
Broschur, 32 S., 2 Vorlageb.

ISBN 3-8241-1004-0
Broschur, 32 S., 2 Vorlageb.

ISBN 3-8241-0994-8
Broschur, 32 S., 2 Vorlageb.

ISBN 3-8241-0920-4
Broschur, 32 Seiten

ISBN 3-8241-0941-7
Broschur, 32 S., 2 Vorlageb.

ISBN 3-8241-1011-3
Broschur, 16 S., 3 Vorlageb.

Lust auf Mehr?

Liebe Leserin, lieber Leser,
natürlich haben wir noch viele andere Bücher im Programm.
Gerne senden wir Ihnen unser Gesamtverzeichnis zu.
Auch auf Ihre Anregungen und Vorschläge sind wir gespannt.
Rufen Sie uns einfach an oder schreiben Sie uns.

Englisch Verlag GmbH
Postfach 2309 · 65013 Wiesbaden
Telefon 06 11/9 42 72-0 · Telefax 06 11/9 42 72 30
E-Mail info@englisch-verlag.de
Internet http://www.englisch-verlag.de